A LA FRANCE

IMPERIAL.
TIMBRE
SEINE
5 cen

A

LA FRANCE

COMMUNICATION SPIRITE

PARIS

E. DENTU, LIBRAIRE-ÉDITEUR

PALAIS-ROYAL, 13, GALERIE D'ORLÉANS.

1859

PRÉFACE.

On prétend généralement que les manifestations spirites ne servent à rien; je désire, en faisant connaître celle-ci, donner un aperçu des conseils que l'on peut obtenir des esprits qui veulent bien se manifester et prouver qu'en suivant leurs maximes de morale, l'homme ne peut que s'élever.

Cette manifestation a été donnée d'un seul trait par un esprit chargé de veiller au cours des événements.

A

LA FRANCE

J'ai vu le monde à sa naissance, j'ai vu les hommes à leur début. J'ai parcouru la terre dans tous les sens ; du Nord au Midi, de l'Est à l'Ouest, et partout j'ai vu les passions régner en maîtresses.

J'ai traversé les siècles sans que mes cheveux aient blanchi. Mon existence a été celle du papillon, un jour chrysalide, le lendemain déployant mes ailes et recommençant ma course aventureuse ; étudiant les mœurs, les habitudes des peuples qui, sur la surface du globe, ne cessent de s'agiter et de travailler à s'entre-détruire les uns les autres.

J'ai suivi les grandes migrations des différents peuples, j'ai assisté à leurs combats, à leurs travaux ; et toujours le même mobile de leurs faits a frappé mes yeux et mon esprit.

L'ambition et l'égoïsme ont toujours provoqué leurs grands mouvements.

J'ai vu des heures terribles ; j'ai senti cette fièvre qui, dans des jours graves, saisit les nations et les remplit d'effervescence ; fièvre brûlante qui les pousse vers un but qu'elles appellent liberté, et qui n'est que l'esclavage.

J'ai vu le sang couler à flots, j'ai vu dans de sombres jours de deuil et de désespoir, des mères dévorer leurs enfants. J'ai vu des pères égorger leurs fils, des hommes briser les statues de leurs dieux, profaner leurs temples ; et tout cela ? pour avoir la liberté. Tous mus par cette ardeur, par cette soif de feu, de sang, que donne ce cauchemar qui est l'agonie des principes d'ordre, de morale.

J'ai vu dans ces jours de souffrance et de terreur, des hommes animés d'un esprit élevé, prêcher aux autres hommes des paroles d'amour et de paix ; s'efforcer, par une éloquence puisée dans des sentiments élevés, de ramener les hommes égarés, ces brebis abandonnées aux loups. Mais, partout, à leurs courageuses paroles, à leur éloquence sublime , il était répondu par les injures, par les blasphèmes ; et la mort venait achever d'abattre ces têtes d'élite faites pour des mondes meilleurs.

Depuis les traditions les plus reculées, les prophètes

envoyés par Dieu, ont, sous différentes formes, sous différentes figures, cherché à donner à l'humanité ces grands principes d'ordre, d'amour et de fraternité sans lesquels les nations dégénèrent et finissent par succomber.

Aux peuples envahisseurs succèdent d'autres peuples, dont le triomphe lui-même avance le terme de leur carrière ; ainsi en sera-t-il des peuples qui, ne voulant écouter que leurs désirs ambitieux, tenteront de s'élever sur les ruines des autres peuples, leurs frères.

Dieu leur enverra des jours brûlants, et, dans sa colère, il lancera les hommes dans le chemin de l'abîme et les laissera s'engloutir dans ce vaste chaos qui est la mort des nations, **l'Anarchie**, jusqu'à ce qu'ils aient expié, après avoir passé par toutes les péripéties de la guerre civile, par leurs pertes et leurs souffrances, les heures de folie et de débordement.

J'ai assisté aux grandes luttes de 93, j'étais partout, et toutes les heures, toutes les minutes ont été remplies par mon travail, et j'ai pu voir un grand peuple rentrer dans ses droits, dans les prérogatives qui lui étaient dues. Mais là ne devait pas s'arrêter mon ouvrage ; d'autres événements devaient agiter le monde, et il m'était donné de m'y associer.

Je devais participer activement à toutes les phases qui, par un enchaînement providentiel, conduisaient la France, ce pays où s'était fixé mon esprit, où devait s'accomplir ma mission, vers la gloire et le règne de l'intelligence.

J'assistai à tous les grands combats qui illustrèrent nos armes sur le vaste champ de l'Europe. J'aidai et je coopérai à tout.

J'usai largement de ce pouvoir qui m'a été donné et le monde s'est ressenti de mon influence. Dieu, dans sa bonté infinie, m'a fixé pour tâche, ainsi qu'à beaucoup d'autres esprits, de suivre le cours des événements qui agitent les peuples, de leur prêter secours et de les aider à sortir des ténèbres pour les conduire vers la civilisation et la lumière.

J'ai vu dans des jours encore peu éloignés, des hommes, poussés par le délire, faire revivre sur leurs drapeaux, sur leurs monuments, des mots qu'ils ont mal interprétés de tout temps.

Dans les grandes crises, aux heures de troubles, alors que les cerveaux brûlent du feu de l'exaltation, l'homme s'égare et cherche ce qu'il peut et pourrait avoir sans lutte ni coup férir. Le moment est arrivé de lui dessiller les yeux et de lui faire voir au grand jour ce qu'il n'avait vu jusqu'alors qu'à travers un voile.

J'en appelle aux peuples éclairés, aux cerveaux non exaltés, à tous les esprits qui raisonnent.

Dieu vous a donné, après de longs jours d'orage, un ciel serein. Vous avez vu le bonheur et le calme rentrer dans vos familles ; vous avez enfin compris que les révolutions n'apportaient avec elles que le désordre et le malheur, car ce n'est pas vous, hommes d'élite, qui, dans un moment d'enthousiasme, profitez des fleurons que vous gagnez en versant à flots votre sang, en sacrifiant vos familles et vos biens ; non, non, ce sont quelques esprits ambitieux, mais non de cette ambition qui doit faire le bonheur de ceux qu'ils auront soumis à leur cœur ou à leurs armes ; mais de cette soif d'honneurs et de fortune achetés au prix du sang des autres.

Vous avez enfin trouvé le seul remède à tous ces maux, à cette lèpre hideuse que l'on appelle guerre civile ; vous avez su mettre dans un gouvernement fort et sage votre confiance ; car là seulement est le bonheur de votre intérieur ; là seulement est la paix qui garantit vos biens, vos familles, votre pain de chaque jour ; là encore est la sauvegarde de votre honneur, de cet honneur dont le Gaulois et plus tard le Français ont toujours été si jaloux.

Oui ! je vous le dis et vous le répète, c'est dans un gouvernement bien conduit et dirigé par une main ferme, qu'une grande nation trouvera la paix et le bonheur intérieur, et c'est là que vous trouverez ce qui a toujours fait le sujet de vos révolutions, de vos guerres civiles, la **Liberté, l'Égalité** et la **Fraternité.** Car, sachez-le bien, la liberté vous l'aurez toutes les fois que vous pourrez suivre toutes les règles de l'honneur, au point de vue moral, et non du monde qui le comprend mal souvent ; la liberté, lorsque vous pourrez faire le bien à votre guise et vous conduire comme tout homme animé d'un esprit élevé, moral et réfléchi doit le faire. La liberté s'obtient par le travail en se montrant supérieur à la paresse, en s'élevant par les qualités de l'esprit et du cœur.

L'**Egalité** : en ayant la **Liberté**, vous obtenez l'**Egalité**; cela ne dépend que de vous; car, qui vous empêche de briguer par votre talent, par vos travaux, les honneurs que beaucoup d'esprits étroits prétendent n'appartenir qu'aux classes élevées. Or, sachez-le bien, il n'y a de classes élevées que là où réside le vrai mérite, celui que donne le cœur et l'instruction ; qui vous empêche d'y arriver ?

A vous, honnête artisan, que vous manque-t-il? n'avez-vous pas l'estime de vos amis? ne pouvez-vous pas donner votre voix partout? ne pouvez-vous faire élever vos enfants et les amener, s'ils le veulent, à prétendre aux plus hauts emplois? vous voyez donc bien que du petit au grand règne l'**Egalité**.

Laissez, laissez faire et dire ces gens de peu, qui, se targuant de titres, ne peuvent y ajouter ce que vous possédez, l'honneur et le cœur ; car alors, je vous le dis, l'inégalité sera de leur côté, car vous serez cent fois au-dessus de ceux-là.

La fraternité ne découle-t-elle pas des deux premières vertus? Ayez l'esprit élevé, le cœur noble et dirigé vers de belles aspirations, ne comprendrez-vous pas que l'union entre les hommes fait la force? ne comprendrez-vous pas que vous ne trouverez cette concorde que dans un gouvernement qui réunira tous les éléments : **ordre, force** et **honneur**? Si, vous le comprendrez et le comprenez.

Rappelez-vous ces mémorables paroles du Christ : **Aimez-vous les uns les autres.** N'est-ce pas là cette **Fraternité** que vous devez avoir? elle ne demande pas de sang, celle-là ; elle ne veut que de l'amour.

Jésus-Christ vous a encore dit : **Soyez unis et par**

phalanges serrées ; cela ne voulait-il pas dire ? ayez la **Fraternité** pour être forts ? et vous aurez, étant unis, la **Liberté** pour agir comme une grande nation. Pour vous protéger contre les autres nations, vous aurez cette **Égalité** qui est nécessaire pour maintenir l'union et par conséquent la force. Vous formerez ainsi un corps compacte et serré, et, avec un homme de génie à la tête de ces masses, s'il est bien soutenu par des hommes d'élite pris dans ces masses mêmes, qui pourra vous entamer ? Personne.

Vous êtes forts parce que vous êtes unis dans **ce moment**.

Souvenez-vous que là est votre garantie de bonheur. Restez ce que **vous êtes ; soutenez** celui qui vous unit tous dans une même étreinte : et vos enfants pourront caresser vos cheveux blancs, et votre âme ira en paix rejoindre ceux qu'elle aura aimés ici-bas.

ADRIEN

MEDIUM.

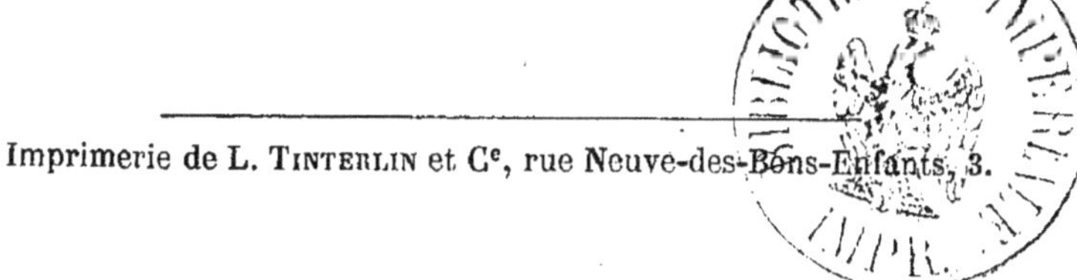

Imprimerie de L. Tinterlin et Ce, rue Neuve-des-Bons-Enfants, 3.

www.ingramcontent.com/pod-product-compliance
Lightning Source LLC
Chambersburg PA
CBHW051318050726
47595CB00008B/3604